So lebt

New York

Der perfekte Reiseführer für einen unvergessli-chen Aufenthalt in New York inkl. Insider-Tipps, Tipps zum Geldsparen und Packliste

Nadine Smith

✈ INHALT

DAS ERWARTET SIE IN DIESEM BUCH

Nun, anfangs wusste ich nicht so recht, was ich hier schreiben soll. Aber nach kurzer Findungsphase wusste ich, dass ich einfach nur schreiben muss, worum es geht - wie die Überschrift besagt. Also, um was geht es in diesem Reiseführer und was erwartet Sie?

New York wird mit den wichtigsten architektonischen Sehenswürdigkeiten, welche Sie unbedingt sehen müssen, kurz vorgestellt. Damit meine ich nicht die Freiheitsstatue, sondern eher die Skyline

Manhattans bei Nacht. Wo und wie Sie das am besten erleben können, erfahren Sie nur, indem Sie weiterlesen.

Des Weiteren erfahren Sie wichtige Dinge zu den unterschiedlichsten Flughäfen New Yorks, was Sie unbedingt beachten sollten und mit welcher Verbindung Sie am besten von Ihrem Anreiseflughafen in die Weltmetropole gelangen.

New York, die Stadt, die niemals schläft, wird Sie in ihren Bann ziehen und verzaubern, glauben Sie mir. Es gibt so vieles, was Sie unbedingt erleben sollten und dafür müssen Sie nicht einmal ein Vermögen ausgeben.

New York ist eine Stadt, die in sehr vielen Dingen vielfältig und einzigartig ist. Sei es bei den Einwohnern der Stadt oder bei den kulinarischen Angeboten an unterschiedlichem Essen und Getränken. Jeder wird definitiv etwas finden, was seinem Geschmack entspricht.

New York ist unbedingt einen Besuch wert. Es gibt so vieles zu entdecken und zu erleben. Das können Sie gar nicht alles in zwei oder drei Wochen erkunden. Dazu müssen Sie unbedingt wiederkommen. Noch eine kurze Information vorab, die Sie in

Ihrer Reiseplanung unbedingt berücksichtigen sollten. Die beste Reisezeit für New York, welche ich
persönlich weiterempfehlen kann, ist entweder von
Mitte April bis Mitte Juni oder, wenn dieser Zeitraum
unpassend ist, reisen Sie von Mitte/Ende August bis
Ende September. Aber natürlich gibt es keine beste
Reisezeit. New York ist auch im kältesten Winter
eine wunderschöne Stadt. Denn wie heißt es so
schön: „Es gibt kein schlechtes Wetter, es gibt nur
falsche Kleidung."

NEW YORK – KURZ UND KOMPAKT

N ew York liegt 40,42° nördliche Breite und 74,00° westliche Länge an der Ostküste der United States of America (USA), im namens eigenen Bundesstaat. New York umfasst ein Gebiet von 1214 km2, davon sind 789,4 km2 Stadtgebiet. Im Vergleich zu Deutschland liegt New York in der Zeitzone Eastern und man muss mit -5/-4 Stunden Zeitverschiebung rechnen. Die Einwohner New Yorks sind kulturell sehr verschieden, 35%

sind Kaukasier, 27% Latinos, 24% sind Afroamerikaner, 12% Asiaten, 8% haben einen italienischen Ursprung, 5% Irländer und 3% sind aus Deutschland. Davon sind 12% jüdischer Abstammung. Deshalb zählt New York zu der größten jüdischen Gemeinschaft. Mit einer Gesamteinwohnerzahl von 8,5 Millionen ist New York die bevölkerungsreichste Stadt der Welt.

In New York ist die gängige Währung US–Dollar, 1€ entspricht $1,30. Also unbedingt Geld wechseln, bevor Sie etwas kaufen und bevor Sie einreisen, denn das Taxi muss auch bezahlt werden.

Wenn Sie englisch sprechen, gehören Sie zu den 50% der Einheimischen, welche diese Sprache beherrschen. 24% sprechen spanisch, der Rest von 23% spricht eine andere Sprache, was wiederum auf die kulturelle Vielfalt hinweist und aufmerksam macht.

GESCHICHTE

1524 wagte Giovanni de Verrazzano erste Reiseversuche in das jetzige New York, um erste Forschungen anzustellen. Dies tat auch Henry Hudson im Jahr 1609. Um 1610 siedelten sich an der Südspitze von Manna – Hatta erste niederländische Kaufleute an. Diese zogen dann weiter an die Westspitze von Long Island, welches heute das Gebiet von Brooklyn umfasst. 1626 kaufte Peter Minuit die Insel Manna - Hatta den niederländischen Kaufleuten ab. Dieser besaß die Insel ca. 38 Jahre, bis im Jahre 1664 die Briten die Insel eroberten und ihr den heutigen Namen „New York" gaben.

Aufgrund der Fertigstellung des Erie Kanals 1825, stieg New York dann zur Weltstadt auf.

STADTTEILE

New York gliedert sich in fünf einzelne Stadtbezirke auf: The Bronx, Manhattan, Queens, Brooklyn und Staten Island. Jeder der fünf Stadtteile ist für sich einzigartig und individuell. Jeder verbirgt schöne Sehenswürdigkeiten, denen man unbedingt einen Besuch abstatten sollte.

The Bronx (auch Bronx County genannt) liegt als einziger Stadtteil auf dem Festland im Norden von New York und wurde im Jahr 1874 eingemeindet. The Bronx ist der Stadtteil, der eine sehr hohe multikulturelle Vielfalt aufzeigt. Hier leben Mittel- und Südamerikaner, Afrikaner und Menschen, welche aus dem Kosovo nach New York eingewandert sind. In dem Stadtteil The Bronx kann man unter anderem den Bronx Zoo und andere Parkanlagen besuchen und erkunden. Man will so den Besuchern und den Anwohnern ein Gefühl von Ruhe und Erholung vermitteln, da man den typischen Großstadtlärm einfach „verbannt". Dieser Stadtteil ist unbedingt einen Besuch wert, egal welchen weit verbreiteten Ruf ihm vorauseilt.

Manhattan oder New York County ist das Zentrum von New York und wird von allen anderen vier

Stadtteilen eingegrenzt. Manhattan ist der teuerste Stadtteil von allen. Wer dort lebt und wohnt hat in seinem Leben alles erreicht und vollkommen richtig gemacht. Die Bevölkerungsdichte im Raum Manhattan ist sehr hoch. Auf einem Gebiet von ca. 60 km2 leben ungefähr 1,6 Millionen Menschen. Dabei werden aber noch keine Touristen oder Pendler mit eingerechnet. Man muss mit ca. vier Millionen Menschen täglich in Manhattan rechnen.

Manhattan gliedert sich durch seine Größe nochmals in unterschiedliche Stadtteile auf: Lower Manhattan, Chinatown, Little Italy, Tribeca & SoHo, Greenwich Village, Midtown, Central Park, Upper East Side, Upper West Side und Harlem.

Da in Manhattan ein Großteil des Tourismus zu finden ist, sind hier auch die meisten Sehenswürdigkeiten beheimatet, zum Beispiel die legendäre Fifth Avenue, die Wall Street, der Times Square, das Empire State Building und unzählige Museen, unter anderem The American Museum of Natural History, das Metropolitan Museum of Art oder die Neue Galerie.

Queens oder Queens County ist der größte Stadtteil New Yorks und liegt im Westen von Long

Island. Gegründet wurde Queens am 01. November 1683 und zu New York eingemeindet im Jahr 1898. Mit dem Stadtteil Queens werden Sie unmittelbar konfrontiert, wenn Sie mit dem Flugzeug landen. Hier liegen beide Flughäfen von New York. In Queens findet man sich ungefähr wieder wie hierzulande in einer Kleinstadt. Es gibt mehrere Wohnblocks und viele Einfamilienhäuser mit großen und weiten Gärten, sehr idyllisch.

Brooklyn oder Kings County liegt am westlichen Ende von Long Island und ist der bevölkerungsreichste Stadtteil von New York. Dieser Stadtteil wurde ebenfalls im Jahr 1898 zu New York eingemeindet, hat sich aber bis heute seine Eigenständigkeit bewahrt. Sie können Brooklyn über die wunderschöne Brooklyn Bridge erreichen. Am besten machen Sie dies zu Fuß, dann können Sie nämlich die wunderschöne Skyline von Manhattan bewundern und sich zugleich auf das künstlerische Viertel am besten einlassen.

Staten Island oder Richmond County liegt südlich von Manhattan und westlich von Brooklyn. Eingemeindet wurde Staten Island, so wie die meisten anderen Stadtbezirke, ebenfalls 1898. Erreichen kann man Staten Island über eine Fähre, die sogenannte Staten Island Ferry. Da Staten Island eine Insel ist, gibt es natürlich eine wunderschöne Küste mit Sandstrand, welche zum Verweilen einlädt. Die vielen Parkanlagen auf Staten Island bewirken ihr Übriges und ziehen viele Touristen an, um hier ihren Urlaub zu verbringen. Persönlich kann ich Ihnen Staten Island nur wärmstens empfehlen. Eben wegen diesem Erholungscharakter und der Ruhe um sich herum. Wer Zuhause einen eher stressigen Alltag hat und enorm unter Zeitdruck steht, sollte unbedingt Urlaub auf Staten Island machen. Sie finden dort Ihre innere Ruhe wieder und können den Alltagsstress komplett hinter sich lassen.

ANREISE / VERKE HRSMITTEL

FLUGHÄFEN

New York selbst besitzt zwei Flughäfen: Der John F. Kennedy Airport liegt in dem Stadtteil Queens und ist ca. 24 km von Manhattan entfernt.

Hier landen am Tag Flugzeuge von über 100 Fluggesellschaften aus der ganzen Welt. Mit ca. 60 Millionen Passagieren pro Jahr (Stand 2018) ist er der sechstgrößte Flughafen in den USA. Wenn man nicht weiß, wie man von dem John F. Kennedy Airport in die Stadt gelangt, kann man sich an einem der vielen Transportation Center kostenlose Auskünfte einholen. Hier ein paar Verbindungsmöglichkeiten kurz zusammengefasst, um Anregung für Ihre eigene Reise zu geben:

Mit dem Taxi nach New York: Meistens wird mit Fixpreisen für „beliebte" Strecken gerechnet. Kosten dafür $45 + $4,50 Tunnel- und Brückengebühr + zusätzlich Trinkgeld, meist ca. 10 – 15% = Gesamtbetrag ca. $55. Fahrtzeit beträgt ca. 30 - 60 Minuten, je nach Verkehrslage und Witterungsverhältnissen.

Mit dem Shuttle Bus nach New York: Die Busse werden von privaten Busgesellschaften zur Verfügung gestellt und bringen Sie, je nachdem wo Sie hinmöchten, zu Ihrer Unterkunft oder direkt in die Stadtmitte. Eine Fahrt kostet ungefähr $15 – $19, ist aber sehr zeitintensiv, da mehrere Personen mitreisen und eventuell unterschiedliche Reiseziele haben.

Mit dem Airport Service Express Bussen nach New York: Diese fahren alle 15 – 30 Minuten vom John F. Kennedy Airport ab und bieten feste Ausstiegspunkte an, unter anderem Port Authority, den Busbahnhof oder Grand Central Terminal. Die Kosten, welche Sie für diese Verbindungsmöglichkeit einrechnen müssen, betragen ca. $15.

Ganz klassisch mit der Subway nach New York: Dies ist die kostengünstigste Methode und Sie können diese ganztägig (24h) nutzen.

Der La Guardia Airport liegt, ebenso wie der John F. Kennedy Airport, in Queens, ist aber nur 13 km von Manhattan entfernt. Dieser Flughafen wird überwiegend für Inlandsflüge genutzt. Hier ebenso ein paar Verbindungsmöglichkeiten kurz zusammengefasst.

Mit dem Taxi nach New York: Kosten, welche man für diese Verbindungsmöglichkeit einberechnen muss, betragen $24 – $39 + $4,50 Tunnelgebühren und ebenso ca. 10 – 15% Trinkgeld. 20 – 25 Minuten Zeit vergehen, bis Sie dann in der Stadt sind, die niemals schläft.

Mit dem NYD Airporter nach New York: Dieser Bus fährt innerhalb von 40 – 70 Minuten direkt nach Midtown, ohne Zwischenstopps. Es ist eine relativ kostengünstige Reisemethode für lediglich $12,75.

Mit dem Super Shuttle Bus nach New York: Dies ist ein Tür – zu – Tür – Service. Er bringt Sie von der Ausgangstür des Flughafens direkt zu Ihrer hoteleigenen Eingangstür, ohne Zwischenstopps und Umwege, ganz allein für Sie, innerhalb von 30 – 35

Minuten Fahrtzeit. Für ca. $15 – $22 können Sie diesen Service buchen.

Oder ganz individuell mit dem öffentlichen Bus nach New York: Diese Methode ist am kostengünstigsten. Mit nur $2 - $4 sind Sie innerhalb von nur wenigen Minuten in der Stadt. Am empfehlenswertesten ist die Buslinie M60. Sie verkehrt zwischen 5 Uhr morgens und 1 Uhr nachts. Die Endstation dieser Linie ist der legendäre Broadway.

Des Weiteren gibt es nahe der Weltmetropole New York einen weiteren Flughafen, welcher für die Reisenden ebenfalls genutzt wird:

Der Newark Liberty International Airport ist in New Jersey gelegen und nur ca. 26 km von Manhattan entfernt. Hier landen Flugzeuge von über 35 Fluggesellschaften. Ein paar Verbindungsmöglichkeiten habe ich Ihnen hier zusammengestellt und kurz zusammengefasst.

Mit dem Taxi nach New York: Mit $50 - $70 reine Fahrtkosten ist es eine sehr teure Möglichkeit, nach New York zu gelangen. Dazu kommen noch ca. $5, wenn Sie während der Rushhour mit dem Taxi fahren, $0,50 Steuern, ca. $10 Tunnel- und Brückengebühren sowie das Trinkgeld, welches 10 – 15%

umfasst. Wenn Ihre Gepäckstücke größer als 60 cm sind, verlangen Taxifahrer meistens eine zusätzliche Gebühr von $1. Fahren Sie mit dem Taxi, sind Sie in ca. 60 Minuten in New York. Variieren kann dies natürlich bei schlechten Witterungsverhältnissen und erhöhtem Verkehrsaufkommen.

Mit dem Super Shuttle Bus nach New York: Am Grand Transportation Center können Sie sich diesen Service von einem Mitarbeiter für „nur" $19 - $25 organisieren lassen.

Wenn Sie in Ihrem Ausstiegspunkt flexibel sind, wäre der Airport Express genau das Richtige für Sie, um nach New York zu gelangen. Mit $16 ist dies auch eine der zwei kostengünstigsten Methoden. Der Airport Express fährt alle 15 – 30 Minuten vom Newark Liberty International Airport ab.

Mit der Air Train nach New York: Diese Möglichkeit bietet Ihnen einen Direktanschluss zur Penn Station nach New York, wo Sie sich dann gleich im Zentrum befinden. Sie müssen eine Fahrtzeit von ca. 60 - 90 Minuten und einen Preis von $12,50 einplanen.

TAXI

Die Yellow Cab oder NYC Taxi genannt (New York City Taxi Cabs) sind die mit am häufigsten verwendete Fortbewegungsmethode innerhalb von New York. Die klassischen Yellow Cabs sind jedoch nur in Manhattan unterwegs, zum John F. Kennedy International Airport sowie zum La Guardia Airport.

Derzeit sind ca. 13.000 Fahrzeuge von ihnen unterwegs. Die meisten davon sind von privaten Personen oder privaten Unternehmen zur Verfügung gestellt worden. Sie unterliegen den strengen Auflagen der New Yorker Taxi und Limousinen Kommission, welche unter anderem für die Sicherheit zuständig ist.

Wenn Sie aus den anderen vier Stadtteilen in das Zentrum möchten oder in einen der anderen vier Stadtteile, können Sie nur die Boro Taxis nutzen. Diese sind seit 2013 unterwegs. Durch ihre apfelgrüne Farbe kann man diese auch nicht mit den Yellow Cabs verwechseln. Boro Taxis dürfen nur Passagiere befördern, welche aus Upper Manhattan (nördlich von der West 110th Street oder East 96th Street) kommen und Richtung Zentrum oder in einen anderen Stadtteil möchten. Eine Alternative zu den beiden Taxis sind Liveries, auch Limousinen genannt. Diese können Sie aber vorzugsweise nur über das Hotel buchen und sind im Vergleich zu den normalen Yellow Cabs sehr kostenintensiv. Eine Stunde kostet ca. $30, kann aber auch je nach Anbieter variieren und mehr kosten. Derzeit sind ca. 25.000 Liveries von über 500 Fahrdiensten in New York unterwegs. Diese chauffieren ca. 500.000 Personen pro Tag von einem Ort zum anderen Ort.

Wenn Sie eher höherklassige Autos bevorzugen, sind die Black Cars genau das Richtige für Sie. Sie haben ihre Namensgebung durch die Farbe erhalten und dürfen Fahrgäste nur nach telefonischer „Bestellung" befördern. Bezahlen können Sie ausschließlich mit Kreditkarte. Von über 80 Fahrdiensten sind ca. 10.000 Fahrzeuge unterwegs und zusätzlich von über 200 Unternehmen nochmals 7.000 Stretch Limousinen.

Sind Sie im Randbereich von Manhattan unterwegs, kann es durchaus passieren, dass Ihnen sogenannte Gypsy Cars begegnen. Diese sind meist unseriös, da sie keine Taxameter haben und Preise willkürlich festlegen. Warten Sie dann entweder auf ein

Yellow Cab oder nutzen Sie eine andere Fortbewegungsmöglichkeit.

Allgemeine Hinweise zur Nutzung eines Taxis in New York

Stellen Sie sich in die jeweilige Richtung, in welche Sie gefahren werden möchten und winken Sie sich ein Taxi herbei. Yellow Cabs müssen den nächsten Fahrgast aufnehmen, welcher sich vor Ihnen befindet, vorausgesetzt das Taxi steht zur Verfügung. Das erkennen Sie, wenn die Medaillons Nummer leuchtet. Leuchtet auf dem Schild auf dem Dach jedoch Off Duty rechts und links, dann ist das Taxi außer Dienst. Ein belegtes Taxi erkennen Sie, wenn kein Licht leuchtet.

Dies können Sie vermehrt in der Rushhour feststellen beziehungsweise, wenn es regnet. Ansonsten haben Sie eher keine langen Wartezeiten auf Yellow Cab. Wenn Sie ein Taxi sehen, welches im Grill oder an den Seiten ein orangefarbenes Licht eingeschaltet hat, rufen Sie umgehend die Polizei (unter 911 zu erreichen). Dann ist der Taxifahrer in Schwierigkeiten und benötigt dringend Hilfe. Wenn Sie dringend ein Taxi benötigen, haben Sie die besten Chancen an der Grand-Central-Station oder an der Penn-Station fündig zu werden. Diese zwei sind die beiden größten Taxistände, die es in New York gibt.

In New York ist es üblich, dass man nicht die genaue Hausnummer angibt, zu welcher man befördert werden möchte, sondern man gibt die Ecken des Fahrzieles an (zum Beispiel: Central Park and Fifth Avenue). Wenn man dort dann angekommen ist, fragen die meisten Taxifahrer nochmal nach bzw. Sie als Passagier geben dann die genaue Hausnummer an.

Es kann passieren, dass Ihr Taxifahrer schlechteres Englisch spricht als Sie. Das liegt daran, dass Taxifahrer kulturell sehr verschieden sind. 23% der Fahrer kommen ursprünglich aus Bangladesch, 13,2% aus Pakistan, 3,9% sind Inder, 4% kommen aus Haiti, 6% sind lediglich Amerikaner und 2% sind sogar Chinesen.

55% aller Passagiere bezahlen mit Kreditkarte. Die Geräte dafür sind im hinteren Bereich des Taxis fest installiert. Dass sie nicht lange überlegen müssen, wie viel Trinkgeld sie dem jeweiligen Fahrer geben möchten, gibt es voreingestellte Prozentzahlen am Gerät. Sie können zwischen 15%, 20% und 30% wählen. Ganz wichtig: Taxifahrer haben gern ihre

Ruhe beim Fahren. Also bitte nicht mit dem Fahrer sprechen. Allerdings ist es dem Taxifahrer vollkommen egal, ob sich die Fahrgäste miteinander unterhalten.

Taxifahrer dürfen maximal vier Erwachsene und ein Kind transportieren, welches auf dem Schoß sitzt.

Fahrpreise der Taxis in New York

Es gibt verschiedene Tarife, welche fest vorgegeben sind. Die Wichtigsten kurz zusammengefasst:

Rate #1 Stadtfahrt – Der Standard – Tarif: Grundpreis sind $2,50. Der Grundpreis erhöht sich um $0,50 auf $3 in der Zeit von 20 Uhr bis 6 Uhr früh von Montag bis Freitag. Am Wochenende liegt er den ganzen Tag bei $3. Zusätzlich kommen bei jeder Fahrt noch dazu: $0,3 Improvement Zuschlag, $0,5 Steuern, $0,5 pro 1/5 Meile (4 Blocks), $0,5 pro 60 Sekunden Standzeit während der Rushhour oder wenn man langsamer als 6mph (9,6 km/h) fährt. $1 wird zusätzlich berechnet, wenn Sie zu den Spitzenzeiten zwischen 16 Uhr und 20 Uhr ein Taxi benötigen, die sogenannte Rushhour, Ausnahme an Feiertagen. $0,5 MTA – Zuschlag sowie die Mautgebühr für manche Straßen wird dem Fahrgast 1:1

übertragen, auch bei Rückfahrten auf diesen Straßen, zum Beispiel beim Transport zum Newark Liberty International Airport. Dieser Tarif gilt auch bei
Fahrten zum La Guardia Airport oder von diesem
weg.

Rate #2 – John F. Kennedy International Airport:
Von Manhattan zum John F. Kennedy International
Airport gibt es einen Fixpreis. Dieser beträgt ca. $55.
Darin enthalten sind die Mautkosten, $0,5 MTA – Ge-
bühren sowie $0,3 Improvement – Zuschlag. Vom
John F. Kennedy International Airport nach Man-
hattan gilt dieser Fixpreis jedoch nicht.

Rate #3 – Newark Airport: Bei diesem Tarif zählt
der Standard – Tarif und zusätzlich kommt noch ein
Zuschlag von $17,50 dazu sowie die Mautgebühren
für Hin- und Rückfahrt und $0,3 Improvement – Zu-
schlag.

AUTO – VERMIETUNG

Gehören Sie auch zu den flexiblen Menschen, die auf niemanden angewiesen sein möchten? Haben Sie eventuell schon einmal darüber nachgedacht, sich für Ihre New York Reise einen Wagen zu mieten?

Hier ein paar kurze und wichtige Informationen, worauf Sie bei dieser Entscheidung achten müssen.

Buchen Sie den Mietwagen unbedingt von Zuhause aus. Dies ist weitaus kostengünstiger als vor Ort beziehungsweise lassen Sie sich in einem Reisebüro Ihres Vertrauens dazu beraten und schließen gegebenenfalls das für Sie beste Angebot dort ab.

Ihre Kreditkarte sollten Sie unbedingt zur Hand haben. Sehr viele Autovermietungen blockieren auf dieser die Kaution des ausgeliehenen Wagens. Achten Sie auch darauf, dass die Kaution wirklich nur geblockt wird und nicht abgebucht. Die Rückbuchung kann unter Umständen mehrere Tage dauern.

Da die meisten Personen mit dem Flugzeug einreisen, haben sehr viele Autovermietungen einen Zweitsitz an den Flughäfen. Dort können Sie Ihren Mietwagen direkt vor Ort abstellen lassen und direkt Richtung Manhattan, ohne große Wartezeit, fahren. Die meisten Autovermietungen haben auch flexible

Abstellorte. Holen Sie unbedingt Informationen zum jeweiligen Unternehmen ein.

Wenn Sie unter 21 Jahre sind und ein Auto mieten möchten, finden Sie nur schwer ein geeignetes Angebot und wenn, dann nur mit sehr hohen Zusatzversicherungen. Sind Sie dagegen über 25 Jahre, haben Sie deutlich besser Chancen und Ihnen stehen deutlich mehr Möglichkeiten zur Auswahl.

Denken Sie unbedingt an notwendiges Zubehör, welches Sie benötigen. Zum Beispiel Kindersitz oder Navigationsgerät, welches von großem Vorteil ist.

Achten Sie unbedingt auf eine Kilometerpauschale. Bei manchen Unternehmen gibt es eine bestimmte Anzahl an Freikilometern. Es ist nichts schlimmer, als nur die Kilometeranzeige im Auge haben zu müssen, wenn man New York und die Umgebung erkunden möchte.

UNTERKÜNFTE ALLER ART

HOTELS

Es gibt sehr viele Hotels in New York, von preisgünstig bis hin zu exklusiv. Einige bezahlbare habe ich kurz zusammengefasst, um Ihnen eine Anregung für Ihre Reise zu geben. Kurze und wichtige Informationen vorab: Bedenken und kalkulieren Sie unbedingt in Ihre Ausgaben mit ein, dass Sie dem Zimmermädchen pro Nacht $2 Trinkgeld hinlegen sollten.

Buchen Sie das Hotel unbedingt von Zuhause aus, bevor Sie Ihre Reise antreten. Es sind zu bestimmten Zeiten die meisten Hotels ausgebucht bzw.

manchmal kommt man nur sehr schwer in seinem Wunschhotel unter.

In New York sollten Sie mit $200 pro Nacht rechnen, wenn Sie ein gutes Hotel als Unterkunft wählen möchten.

Unter anderem findet man in New York die Hotels mit bekanntem Namen wie zum Beispiel das „The Plaza". Dieses befindet sich in der Fifth Avenue Ecke Central Park oder das „Waldorf Astoria", gelegen in der Park Avenue, welches 2013 saniert wurde und der Hilton – Gruppe angehört. Dieses Hotel bietet einen idealen Startpunkt, um eine Städtereise zu beginnen. Es liegt in der Nähe der St. Patrick's Cathedral, welche sich im Zentrum von New York befindet.

Ein bezahlbares Hotel, welches ich selbst sehr empfehlen kann, ist das Wyndham Garden in Long Island City – Manhattan View Queens. Dieses Hotel befindet sich nur zehn Gehminuten vom Times Square entfernt. Das Doppelzimmer kostet $96 pro Nacht und hat eine gute Subway Anbindung.

PENSIONEN / HOSTELS

Über 75 Hostels und Pensionen gibt es in New York. Da findet jeder eine passende Unterkunft für sich. Dies ist eine preiswerte Alternative zum Hotel, denn die Versorgung ist gewährleistet und man muss sich nicht selbst verpflegen. Pensionen und Hostels bieten in den meisten Fällen einen höheren Standard als Ferienwohnungen an.

Eine Pension, welche ich persönlich empfehlen kann, befindet sich etwas außerhalb vom Stadtzentrum, ca. 6 km, liegt jedoch sehr nahe am Central Park. Diesen kann man von der Pension innerhalb von zehn Minuten erreichen. Die Harlem – 102Brownstone bietet einen großartigen Service und hat ebenso wie manches Hotel einen sehr guten Komfort. Es ist ein altes Haus im neoklassischen Stil und jedes Zimmer ist individuell eingerichtet. Ab $70 pro Nacht kann man in dieser Pension gut nächtigen.

FERIENWOHNUNGEN

Aufgrund dessen, dass Hotels sehr teuer sind, ist die Ferienwohnung eine sehr gute preiswerte Alternative. Vor allem, wenn man kein Problem damit hat, sich selbst zu verpflegen. Da es sehr viele private Vermieter von unzähligen Ferienwohnungen gibt, ist es sehr schwierig einzuschätzen, wie viele Ferienwohnungen genau es in New York gibt. Die meisten Ferienwohnungen liegen preislich pro Nacht zwischen $70 - $150, je nachdem, welche Ansprüche man selbst an die Ferienwohnung stellt. In 20 – 30 Minuten erreichen Sie meistens das Stadtzentrum von New York.

Die meisten Ferienwohnungen liegen auf der Insel Staten Island. Morgens können Sie sich frische Brötchen kaufen. Nichts ist schöner, als mit den Einheimischen früh morgens beim Bäcker in Kontakt zu treten und eventuell ein paar Insidertipps für die Erkundungstour von New York zu erhaschen.

Empfehlenswert ist die Ferienwohnung „The Grand NYC Apartments". Diese ist nur fünf Minuten vom Empire State Building entfernt. Mit einer vollausgestatteten Küchenzeile, einem gemütlichen Sitzbereich sowie verschiedenen kostenlosen

Pflegeprodukten und diversen elektronischen Geräten (Flachbild – TV, Haartrockner, etc.) bietet diese Ferienwohnung einen hohen Komfort. Es gibt sehr gute Anbindungen. In 500 Meter Entfernung liegt der Bahnhof Pennsylvania Station und nur ca. 14 km entfernt ist der La Guardia Flughafen.

PRIVATE VERMIETUNGEN

Private Vermietungen buchen Sie am besten über Airbnb. Dies ist eine seriöse Online – Plattform, welche voraussetzt, dass man sich ein Konto anlegt. Sie können sich dann von über 18.000 Wohnungen das für Sie optimale Zimmer, eine Wohnung bis hin zu einem Loft aussuchen. Ein kleiner Tipp für Ihre Profilanlage: Je mehr Information Sie angeben, umso vertrauensvoller wirken Sie. Preiskategorisch ist für jeden das Passende dabei, von preisgünstig bis hin zum 5 Sterne Luxuspenthouse.

ESSEN UND TRINKEN

Kurze und wichtigste Information vorab: In den United States of America ist es verboten, Alkohol in der Öffentlichkeit sichtbar zu tragen. Ebenso ist es verboten, Alkohol zu trinken, wenn man unter 21 Jahre alt ist.

Am besten ist es immer, seinen Ausweis oder Reisepass dabei zu haben, auch wenn Sie sich im gesetzten Alter befinden, denn die Türsteher und Security – Mitarbeiter sind sehr streng. Pro Getränk sollte man einplanen, Trinkgeld in Höhe von $1 zu hinterlassen und für einen Restaurantbesuch ca. 15% des gesamten Essens.

RESTAURANT

In New York gibt es über 18.000 verschiedene Restaurants. Da in New York viele unterschiedliche und kulturell verschiedene Menschen wohnen und leben, spiegelt sich dies ebenso im Essen und somit auch in den Restaurants wider. Aufgrund dessen, dass es so viele Restaurants gibt, wird jährlich von den „Einheimischen" ein Restaurantführer erstellt, in dem die besten und leckersten Restaurants aufgelistet sind. Im Internet findet man diesen unter dem Namen „Zagat Survey of New York City Restaurants", wo man sich vorab informieren kann, welches Restaurant man unbedingt besuchen muss und welches man eher meidet.

Empfehlenswert für einen kleinen Snack zwischendurch, zum Beispiel während einer Sightseeing-Tour, ist Joe's Pizza. Diese befindet sich beispielsweise südlich vom Times Square. Ein Pizzastück Ihrer Wahl kostet zwischen $4 - $5, je nach Auswahl der Zutaten. Die genaue Adresse lautet:

Midtown Manhattan, 1435 Broadway, New York. Das ist aber nur eine von vielen Filialen in New York.

Für ein richtig leckeres Essen empfiehlt es sich, unbedingt das „The River Café" zu besuchen. Am besten zu einem leckeren und romantischen Abendbrot mit traumhafter Aussicht auf Manhattan und der damit verbundenen unglaublich schönen Skyline. Da sich dieses Restaurant unterhalb der Brooklyn Bridge befindet, liegt es in bester Lage von New York. Es wäre ratsam, sich einen Tisch vorher zu reservieren, um sicher zu gehen, dass es mit dem Besuch des Restaurants dann auch wirklich funktioniert. Meine persönliche Empfehlung: Probieren Sie unbedingt das legendäre Dessert „Chocolate Brooklyn Bridge". Dies ist ein echter Gaumenschmaus und Sie wollen nie wieder etwas anderes Essen.

BARS / LOUNGES

Eintritt in die meistens Bars bekommt man erst ab 21 Jahren, es sei denn, man sucht detailliert nach einer Bar oder Lounge, in der Kinder mit hineindürfen und auch willkommen sind.

Beispielsweise und empfehlenswert ist die Rooftop – Bar „Refinery" in der Nähe des Bryant Park. Da sich die Refinery Rooftop – Bar auf dem Dach des Refinery's Hotels befindet, hat man eine sehr gute Aussicht auf das Empire State Building. Mit einer Größe von 300 m2 zählt die Refinery Rooftop – Bar eher zu den kleineren Bars der Stadt. Dafür überzeugt sie mit ihrer Lage und der Qualität der Getränke. Sie ist der Geheimtipp der New Yorker. Kinder sind hier sehr willkommen, montags – samstags in der Zeit von 11.30 Uhr bis 18 Uhr und sonntags sogar ganztägig.

In New York gibt es unzählige Bars und Lounges. Für Personen über 21 Jahren öffnen sich so gut wie in jedem Club die Türen, vorausgesetzt der Dresscode des jeweiligen Clubs wird erfüllt.

Persönlich empfehlen kann ich die „Ascent Lounge". Sie befindet sich im vierten Stockwerk des Time Warner Center. Die Ascent Lounge gehört eher zu den etwas exklusiveren Lounges, was man auch an den Preisen feststellen kann. Dafür hatte sie uns damals mit ihrem Ausblick auf den Central Park begeistert und mit ihrem romantischen Charme aufgrund der vielen versteckten Ecken in ihren Bann gezogen. Für ein Bier müssen Sie ca. $8 bereithalten und für Cocktails ca. $16.

Denken Sie unbedingt an den Dresscode. In der Ascent Lounge ist es nur gestattet, in legerer Bürokleidung zu erscheinen. Geöffnet hat die Ascent Lounge täglich, montags von 16 Uhr bis 0 Uhr, dienstags - donnerstags von 16 Uhr bis 2 Uhr, freitags in der Zeit von 16 Uhr bis 3 Uhr, samstags von 17 Uhr bis 3 Uhr und sonntags von 14 Uhr bis 23 Uhr. Bei diesen flexiblen Öffnungszeiten sollte für jeden das Passende dabei sein, um ihr einen Besuch abzustatten. Wenn Sie unbedingt in die Ascent Lounge möchten, wäre es ratsam, vorher einen Tisch zu reservieren. Somit ist auf jeden Fall garantiert, dass Sie hineingelassen werden.

NACHTLEBEN UND CLUBS

New York, die Stadt, die niemals schläft. Das spiegelt sich auch in dem aktiven und schnelllebigen Nachtleben wider. Die New Yorker Einwohner gehen gern auch unter der Woche feiern, selbst wenn sie am nächsten Morgen wieder arbeiten müssen. Das stört sie überhaupt nicht. In den meistens Clubs, wie auch in die meistens Bars, ist Einlassverbot unter 21 Jahren. Deswegen auch hier unbedingt den Ausweis dabeihaben.

Die Clubs in New York sowie das Nachtleben sind sehr preisintensiv. Es beginnt schon beim Einlass, der beträgt meist ca. $20, und geht bei den Drinks weiter. Dazu kommt noch pro Drink mindestens $1 Trinkgeld. Da kommt man an einem Abend schnell auf $100 bis $200.

Informieren Sie sich vorher unbedingt über den Dresscode des jeweiligen Clubs, in dem Sie feiern gehen wollen. Ohne den richtigen Dresscode gewährt Ihnen der ohnehin schon strenge Security - Mann keinen Einlass, egal wie alt Sie sind.

Die meisten „richtigen" Partys gehen nicht vor 23.30 Uhr los. Also je später Sie in einen Club gehen, desto besser ist die Stimmung. Aufgrund der multikulturellen Bewohner New Yorks gibt es ebenso viele verschiedene Clubs. Somit findet jeder das Richtige für sich.

Persönlich weiterempfehlen kann ich den Club „The View". Dieser befindet sich im 48. Stock des Marriott Marquis Hotel direkt am Times Square. Man hat von diesem Stockwerk aus die perfekte Sicht auf die Skyline von Manhattan. Ein besonderes Highlight ist die 360° Rotation der Bar. Wenn Sie mindestens eine Stunde in der Bar sind, haben Sie ganz Manhattan gesehen. Solange braucht sie, um sich einmal um die eigene Achse zu drehen. Ein kleiner Tipp zu dieser Bar: Wenn Sie vor 21 Uhr eintreten, kommen Sie kostenlos in die Bar. Danach kostet der Eintritt $7 pro Person. Der Dresscode der Bar ist elegant und schick. Die Bar The View ist 153 Broadway, zwischen West 45th und West 46th Street, zu finden.

SEHENSWÜRDIG KEITEN

Es gibt in New York sehr viele Sehenswürdigkeiten, welche aus unterschiedlichen Epochen stammen und mehrere Baustile aufzeigen. Die wichtigsten sind hier kurz zusammengefasst und mit den wichtigsten Informationen zusammengestellt.

FREIHEITSSTATUE

Die Freiheitsstatue oder auch offiziell Liberty Enlightening the World genannt, umgangssprachlich als Statue of Liberty bezeichnet, ist das Wahrzeichen der Stadt und wird automatisch mit New York in Verbindung gebracht.

1886, südlich von Manhattan auf Liberty Island, wurde die Statue of Liberty erbaut und von dem Franzosen Frédéric–Auguste Bartholdi entworfen. Dieser wurde von der römischen Göttin Libertas inspiriert, die Göttin der Freiheit. Daher der Name Statue of Liberty. Mit ihrer Höhe von 93 Metern und dem integrierten Museum im Sockel ist sie das wohl größte Geschenk, welches man Amerika jemals von Seiten Frankreichs gemacht hat. Wie man wohl fast vermutet hat, gehört die Freiheitsstatue natürlich zum Weltkulturerbe.

Da die Freiheitsstatue nicht steht, sondern läuft, symbolisieren die zerbrochenen Ketten, welche um ihre Füße gelegt sind, die ehemalige Sklaverei. In der linken Hand hält sie eine Tafel auf der steht: July NMDCCLXXVI, das Datum der Unabhängigkeit der United States of America, der 4. Juli 1776. Rechts in der Hand hält sie eine Fackel mit einer goldenen

Flamme und streckt diese in die Luft. Auf dem Kopf befindet sich eine siebenstrahlige Krone, welche für die sieben Kontinente und Weltmeere steht. Die 25 Fenster, die sich unterhalb befinden, sollen die Edelsteine der Welt widerspiegeln.

Ein kleiner Tipp: Wenn Sie die Freiheitsstatue direkt nach dem Frühstück besuchen, sind nicht so viele Touristen Vorort und bestaunen diese. Sie können die Statue of Liberty wie alle anderen Besucher erreichen und bezahlen ca. $25. Sie können allerdings auch meinen Geheimtipp nutzen und nehmen die kostenlose Staten Island Ferry, welche alle 30 Minuten fährt. Sie transportiert eigentlich die Bewohner von Staten Island nach Manhattan.

EMPIRE STATE BUILDING

Die Eröffnung des Empire State Building war am 01. Mai 1931, Architekt war William F. Camb, ein US-amerikanischer Bürger. Das Empire State Building ist das am meisten besuchte Gebäude Amerikas, mit ca. 3,5 Millionen Besuchern, und gehört dem Baustil des Art-déco an. Bewundernswert ist die Aussichtsplattform im 86. Stockwerk, diese ist kostenlos. Im

102. Stockwerk ist nochmals eine Aussichtsplattform, welche aber zusätzlich $20 kostet und hinter Glas ist. Persönlicher Tipp: Diese $20 mehr auszugeben sind unnütz, denn man sieht aufgrund der Spieglung in den Fenstern nicht sonderlich viel.

Mit 381 Metern Höhe des Gebäudes und 443 Metern mit Antenne zählt das Empire State Building mit zu den höchsten Gebäuden von New York. Es befindet sich in Midtown an der unverwechselbaren Fifth Avenue.

An besonderen Feiertagen in Amerika leuchtet die Turmspitze in einem wunderschönen Lichterglanz. Mir persönlich gefiel am besten, dass nach dem Sonnenuntergang bis ca. zwei Uhr nachts die Spitze auch immer zu jeder vollen Stunde in einer anderen Farbe leuchtete und eine neue Animation zu sehen war.

Das Empire State Building spielte in sehr vielen Filmen eine bedeutende Rolle, zum Beispiel bei King Kong oder Independence Day.

Wenn Sie sich das Empire State Building ansehen möchten, müssen Sie mit einem Eintritt von $34 für Erwachsene und $27 für Kinder rechnen. Es sei denn, Sie haben den New York City Pass, welcher unbedingt ratsam und lohnend für sein Geld ist. Mit dem Pass zahlen Sie keinen zusätzlichen Eintritt und Sie können obendrein noch an der Warteschlange für die Tickets vorbei gehen und haben somit eine Zeitersparnis von einer Stunde.

Geöffnet ist das Empire State Building täglich von 8 Uhr morgens bis 2 Uhr nachts, jedoch fährt der letzte Aufzug um 1.15 Uhr nach oben. Die besten Besuchszeiten sind am Vormittag zwischen 8 Uhr und 11 Uhr sowie am späten Nachmittag oder in den späten Abendstunden.

TIME SQUARE

Das Herzstück am Broadway, der New Yorker Times Square, ist einfach unübersehbar, vor allem mit seinen unzähligen Werbetafeln, welche am Abend im hellen Licht erstrahlen. Von der West 42nd Street bis zur West 47th Street erstreckt sich der Times Square, ebenso in dem Gebiet vom Broadway bis zur Seventh Avenue.

Das erste Theater wurde 1893 erbaut, das sogenannte Empire Theater. Insgesamt gibt es über 40 Theater am Times Square, in denen unterschiedliche

Genres bedient werden. Es gibt aber auch mehrere Cafés, Fast – Food – Ketten, Läden, Nobelrestaurants und vieles mehr. Aber auch Multiplex – Kinos, die MTV – Studios, Sony und die Vogue haben ihren Hauptsitz am Times Square.

Damals nannte man den heutigen Times Square noch Longacre Square. Dieser wurde von Kutschenmonteuren genutzt und diente den Pferden als Stallung. 1904 wurde dies geändert und der heutige Times Square bekam seinen Namen durch die Zeitung New York Times, welche ihr Gebäude T.S. 1 nannte. Die Amerikaner nennen ihren geliebten Times Square auch „The Center of the Universe", „The Crossroads of the World" oder „The Heart of the World". 1930 fand die Teilung in zwei Abschnitte statt. Der südliche Teil behielt seinen Namen, der nördliche Teil wurde umbenannt in Duffy Square.

Bis Mitte 1940 war ausschließlich der nördliche Teil des Times Squares mit Werbereklamen bestückt. Da der südliche Teil nur aus Hotels und Verlagsgebäuden bestand, wurde keine Reklame an den Hauswänden geduldet.

Ab 1950 wurden im südlichen Teil die Gebäude mit Leuchtreklametafeln oder Plakaten behängt. Die wohl bekannteste Reklame dieser Zeit war der riesige Pepsi – Wasserfall an dem ehemaligen Bonds – Kaufhaus. Aufgrund der Verbreitung von Fernsehgeräten Ende der 50er Jahre in den privaten Haushalten, blieben die Besucher den Theatern häufiger fern. Aus diesem Grund mussten die meisten Theaterhäuser schließen und somit standen die Gebäude leer.

Anfang der 60er Jahre gab es kein Gesetz, welches den Denkmalschutz beinhaltete. Somit wurden alle leerstehenden und verlassenen Gebäude abgerissen und durch moderne Betongebäude ersetzt. In diese zogen dann Kinos ein, welche sich bis zum Ende der 60er Jahre hielten und dann auch schließen mussten, weil die Kundschaft ausblieb.

Somit wurden daraus Striptease – Bars oder Pornokinos. Diese entstanden entlang der 42nd Street. In dem Zuge kamen dann auch die Sexshops, Souvenirgeschäfte, Motels, welche man überwiegend nur stundenweise buchte sowie die dazugehörigen Prostituierten, Drogendealer und Taschendiebe. Schlägereien waren täglich am Times Square zu sehen, ebenso Überfälle. Man dachte, damit war das Ende des Times Squares besiegelt.

1976 wurde der Times Square und das Gebiet um ihn herum als das gefährlichste der gesamten Stadt ernannt. Die gebürtigen New Yorker umgingen den Times Square. Ausschließlich bei Touristen war er weiterhin beliebt und gut besucht.

Neuen Aufschwung erhielt der Times Square im Juni 1980, als die Kunstausstellung „Times Square Show" stattfand. Damit wurde Mitte der 80er Jahre beschlossen, den Times Square sanieren zu lassen. Eine eigene Polizeistreife sowie eine eigene Müllabfuhr wurden von dem gegründeten Times Square Business Improvement (TSBI) organisiert. Zu Beginn wurden alle Striptease – Bars, Pornokinos, Sexshops und Motels geschlossen und vom Times Square entfernt. Die alten Gebäude wurden, soweit möglich, renoviert oder restauriert beziehungsweise wurden die neugebauten Betongebäude abgerissen und durch die alten vorherigen Gebäude wieder ersetzt. Somit kehrte dann auch wieder seriöses Leben an den Times Square zurück, unter anderem MTV, Sony und die Vogue. Zu ihrem Ursprung kamen die damaligen Hotelketten und Theater auch wieder zurück. 1990 wurde der Two Times Square als nächstes Highlight eröffnet. Er ist der sogenannte

„kleine Bruder" des schon bestehenden One Times Square. Dieser steht direkt gegenüber.

2009 wurde das Verkehrsnetz am Times Square verändert. Die einzige Straße, welche man durchgängig befahren kann und darf, ist die Seventh Avenue. Der restliche Teil am Broadway wurde zu einer Fußgängerzone mit bunten Pflastersteinen verziert und umgebaut.

Ein großes Highlight im Juni 2019 war, als Nik Wallenda und seine Schwester Lijana Wallenda auf einem gespannten Seil in einer Höhe von ca. 80 Metern von dem One Times Square zum Two Times Square liefen. Sie legten eine Strecke von ca. 400 Metern zurück. Dieses unfassbare Erlebnis mit eigenen Augen gesehen und miterlebt zu haben, macht den Times Square noch interessanter und ich kann Ihnen nur raten, sich den   Times Square unbedingt anzuschauen, um diese Distanz einmal auf dem Boden zu Fuß zurückzulegen. Sie werden erstaunt sein, was das für eine Strecke ist.

BRONX ZOO

Der Bronx Zoo umfasst ein Gebiet von ca. 107 Hektar. Im nördlichen Bereich grenzt der New York Botanical Garden an. 1899 ist der International Wildlife Conservation Park, so wird der Bronx Zoo eigentlich genannt, entstanden. Zu dieser Zeit lebten nur 843 Tiere in dem Zoo. Mittlerweile sind es über 4300 Tiere, welche in 765 Arten eingegliedert werden. Alle Tiere leben in ihrer natürlichen Umgebung, als wären sie in freier Wildbahn.

Der Bronx Zoo ist der größte Zoo New Yorks und ebenso der größte Zoo, welcher sich in einer Stadt der gesamten United States of America befindet.

Geöffnet hat der Bronx Zoo montags - freitags von 10 Uhr bis 17 Uhr sowie am Wochenende von 10 Uhr bis 17.30 Uhr. Die Adresse des Bronx Zoo lautet: 2300 Southern Blvd, The Bronx, NY 10460, USA.

Die Aufteilung der Gehege ist nicht willkürlich, oder wie es am besten aussieht, getroffen worden. Sie wurden im Uhrzeigersinn nach geografischen Punkten angeordnet. Beginnen sollten Sie bei dem Rainey Gate Entrance. Danach kommen Sie über Nordamerika und Asien nach Afrika und von dort aus weiter nach Südamerika. Im Zoo selbst wurde ein eigener Zoo für Kinder eingerichtet sowie ein dazugehöriger Streichelzoo mit integriertem Spielplatz.

Aktuelle Eintrittskosten betragen (vom 06.04.2019 bis 03.11.2019) für einen Erwachsenen ab 13 Jahren $39,95, für Rentner ab 65 Jahren $34,95 und Kinder von 3 bis 12 Jahren zahlen $29,95. Für Babys beziehungsweise Kleinkinder bis zwei Jahren ist der Eintritt frei. Sie können natürlich auch das Eintrittskarten – Spezialpaket kaufen. Bei diesem Paket zahlen Sie $210. Es beinhaltet Eintritt für drei Erwachsene und vier Kinder unter 18 Jahren. Dieses Preis – Leistungsangebot ist vollkommen in Ordnung.

Ein kleiner persönlicher Tipp am Rande: Wenn Sie den ganzen Stress mit dem Eintritt umgehen wollen, gehen Sie am besten mittwochs in den Bronx Zoo. An diesem Tag ist nämlich kostenloser Eintritt. Wir haben es damals bei unserem New York Besuch genauso gemacht, haben enorm viel Geld gespart und konnten uns diesen wunderbaren Zoo mit den vielen Tieren, welcher in freier Wildbahn schon längst ausgestorben sind, trotzdem ansehen.

CENTRAL PARK

Der Central Park, auch grüne Lunge New Yorks genannt, wurde 1859 als Landschaft– und Volkspark eröffnet. Fertiggestellt wurde er erst im Jahr 1873. Andrew Jackson Downing, der bedeutendste Landschaftsgestalter der United States of America, gestaltete den Central Park.

Der Central Park erstreckt sich von der 59th Street bis zur 110th Street sowie von der Fifth Avenue bis zur Eight Avenue. Dies sind ca. 860 m. Insgesamt umfasst er ein Areal von 4 km. Der Central Park ist der größte Park New Yorks und ebenso der größte Park der Welt.

Im Sommer wird der Central Park an den Wochenenden sehr viel für Picknicks genutzt oder um verschiedene Veranstaltungen zu besuchen. Diese sind im Sommer meist kostenlos. Im Durchschnitt sind ca. 500.000 Besucher in diesem Park, vor allem bei schönem Wetter. Das sind pro Jahr rund 25 Millionen Besucher.

In der Mitte des Central Parks befindet sich ein großer See sowie das „Metropolitan Museum of Art". Am südlichen Ende des Parks befindet sich ein Zoo und ein Baseballplatz, welcher von vielen Besuchern gern genutzt wird.

Als persönlicher Tipp, dass Sie den Central Park am besten komplett erkunden können: Leihen Sie sich ein Fahrrad für diesen Tag aus. Es gibt vor Ort sehr viele Fahrrad – Verleih – Services. Somit können Sie die gemütliche und entspannte Atmosphäre des Central Parks kennenlernen und genießen. Auch bei schlechtem Wetter ist es ein traumhaftes Erlebnis, welches man unbedingt erleben sollte, wenn man New York besucht.

FREIZEIT-AKTIVITÄTEN

New York ist ein Paradies für Freunde der Kunst mit den sensationellsten Kunstmuseen und Galerien der Welt. Es gibt in New York über 200 Museen aller Art und Stilepochen, über 500 Galerien und über 150 Theater, welche das Zentrum des Broadways bilden. Ein paar kurz zusammengefasst und das Wichtigste erläutert.

MUSEEN

Die wohl bekanntesten Museen im Bereich der Naturwissenschaft, der Geschichte und der Technik sind das „American Craft Museum", das „Brooklyn Museum" und das „Intrepid Sea – Air – Space Museum".

Das größte Naturkundemuseum in Amerika ist das „American Museum of Natural History". Dieses erstreckt sich über fünf Stockwerke. Es umfasst die komplette Geschichte der Menschheit, vom Steinzeitalter bis zum Weltraumzeitalter. Dieses Museum ist äußerst sehenswert für Menschen, die sich für die Evolution des Menschen interessieren oder auch für jene, welche sich einfach nur dafür interessieren, wo der Mensch seinen Ursprung hat beziehungsweise von wem der Mensch abstammt und wie er sich weiterentwickelt hat.

Wenn man sich, so wie ich persönlich, eher für die bildende Kunst und Design interessiert, sollte man sich unbedingt die Museen „Metropolitan Museum of Art", das „Whitney Museum of American Art" oder das „Museum of Modern Art" ansehen. Das größte Museum der United States of America ist das „Metropolitan Museum of Art". Dieses besitzt über drei Millionen Exponate aus vielen verschiedenen Sammlungsgebieten, zum Beispiel aus der Antiken Kunst des Nahen Ostens, aus der asiatischen Kunst oder auch aus der europäischen Malerei sowie der modernen Kunst.

Im April 1870 wurde das Metropolitan Museum of Art gegründet, jedoch wurde es erst knapp zwei Jahre später eröffnet, am 20. Februar 1872. 2016 hatte das Metropolitan Museum of Art über sieben Millionen Besucher, womit es das bedeutendste Museum der Kunst ist, welches auf der ganzen Welt am dritthäufigsten besucht wurde. Das Hauptgebäude befindet sich am östlichen Rand des Central Parks, genauer an der Fifth Avenue und 82nd Street in Upper East Side in Manhattan und gehört somit zur legendären Museum Mile in New York.

Das Metropolitan Museum of Art hat drei verschiedene Standorte in New York, das Hauptgebäude, das „The Cloister" in den Washington Heights, welches es seit 1938 gibt und sich auf mittelalterliche und kirchliche Kunst spezialisiert hat und das „Met Breuer " an der Madison Avenue, welches seit 2016 existiert und eher für seine zeitgenössische Kunst bekannt ist. Da das Metropolitan

Museum of Art weit über drei Millionen Exponate hat, gibt es dort eine Wechselausstellung. Die verschiedenen Exponate werden immer wieder ausgetauscht und es besteht eine kontinuierliche Rotation der Exponate. Insgesamt umfasst es eine Ausstellungsfläche von 130.000 m2. Das Metropolitan Museum of Art hat von Montag bis Donnerstag sowie sonntags von 10 Uhr bis 17.30 Uhr und Freitag und Samstag von 10 Uhr bis 21 Uhr geöffnet. Der Eintritt kostet für Erwachsene ab 13 Jahren $25 und für Senioren $17. Für Kinder bis 12 Jahren ist der Eintritt frei.

Ich persönlich kann das Metropolitan Museum of Art für Ihre Reise sehr empfehlen. Der Eintrittspreis ist auch vollkommen gerechtfertigt. Bitte planen Sie aufgrund der vielen Eindrücke und Inspirationen unbedingt mindestens einen halben Tag für dieses Museum ein.

Das bedeutendste Museum der Gegenwartskunst der westlichen Welt ist das Museum of Modern Art. Persönlich empfehlen kann ich den Museumsshop. Dieser ist für Touristen hervorragend geeignet. Das Museum of Modern Art liegt im

Stadtviertel Midtown in Manhattan, genauer an der 53rd Street zwischen der Fifth und Sixth Avenue.

Die Exponate des Museums of Modern Art gehören sehr vielen Richtungen an, unter anderem der Architektur, des Design, verschiedenen Zeichnungen, Gemälden, Skulpturen, der Photographie, verschiedenen Drucken und Illustrationen sowie verschiedenen Filmen und elektronischen Medien. Im Museum befindet sich noch eine recht große Bibliothek mit über 300.000 Büchern. Das Museum of Modern Art ist mit das meist besuchteste Museum der Welt. 2016 waren fast 2,8 Millionen Besucher im Museum of Modern Art.

Ebenso sehenswert wie das Metropolitan Museum of Art ist das Solomon R. Guggenheim Museum oder auch Guggenheim Museum genannt. Das Guggenheim Museum ist ein Museum der modernen Kunst und beinhaltet Exponate von Kandinski und Picasso. Der Schwerpunkt liegt auf der abstrakten Kunst. Man findet aber auch Gemälde aus anderen Genres, unter anderem des Impressionismus, Post – Impressionismus, Expressionismus und Surrealismus. Gegründet wurde das Guggenheim Museum 1939, eröffnete aber erst 20 Jahre später im Jahr

1959. Das älteste und bekannteste Guggenheim Museum ist das in New York, welches sich an der Fifth Avenue befindet, in Upper East Side zwischen dem Central Park und dem East River. Das Museumsgebäude ähnelt einem Schneckenhaus und wurde von Frank Lloyd Wright entworfen. Aus diesem Grund heißt es im Volksmund auch das Schneckenhaus Museum.

Ebenso aus persönlicher Erfahrung resultierend, kann ich das „Whitney Museum of American Art" weiterempfehlen. Das Museum liegt im Stadtteil Manhattan und hat sich auf die amerikanische Kunst des 20. und 21. Jahrhunderts spezialisiert.

Das Whitney Museum of American Art wurde das erst Mal im Jahr 1931 von Gertrude Vanderbilt Whitney eröffnet. Damals besaß es nur 700 Kunstwerke, welche aus dem eigenen Besitz von Gertrude Vanderbilt Whitney stammten. Der Standort war damals in der Eight Street in Greenwich Village.

1954 zog das Whitney Museum of American Art in die 54th Street.

Im Jahr 1966 gab es einen weiteren Umzug in die Madison Avenue in den dort eigens für das Museum geplanten Neubau, welcher mit seinem außergewöhnlichen Design einen Reiz entwickelt hat, sich das Innere des Hauses ebenso anzusehen. Von außen bietet der Neubau eine Fassade in Treppenform aus grauen Granitsteinen. In dieser befinden sich Fenster, die nach außengestülpt gebaut wurden.

Am 1. Mai 2015 erfolgte erneut eine Eröffnung in einem geplanten Neubau in Manhattan im Meatpacking District.

Spezialisiert hat sich das Whitney Museum of American Art auf verschiedene Gemälde, Zeichnungen, Drucke, Skulpturen, Installationen, Videokunst und Fotografien von vielen namhaften Künstlern, zum Beispiel: Josef Albers, Thomas Hart Benton, Ron Davis, Stuart Davis, Richard Diebenkorn, Arthur Dove sowie William Egglestone.

Da das Museum ständig aus verschiedenen Sammlungen von den unterschiedlichsten Künstlern erweitert wird, kann man nur schwer sagen, wie viele Kunstwerke aktuell im Besitz des Museums sind. 2011 waren es 18.000 Werke von über 2.800 verschiedenen Künstlern.

Besonders emotional war im Juni 2018 die Übergabe etwa der Hälfte der ca. 400 Werke des Pop

– Art – Künstlers der Roy Lichtenstein – Foundation an das Whitney-American-Museum of Art. Der gesamte Nachlass von Josephine Verstille Nivison, welcher über 3.100 Werke umfasst, wird im Whitney Museum of American Art aufbewahrt.

GALERIEN

Sind Sie ein Kunstliebhaber? Dann dürfen Sie auf gar keinen Fall das Stadtviertel Chelsea auslassen. In diesem sind Kunstgalerien quasi Zuhause und Tür an Tür gebaut worden.

In New York gibt es sehr viele Galerien. Persönlich kann ich die „Neue Galerie New York" empfehlen. Das liegt wohl daran, dass sich die Neue Galerie auf Werke der deutschen und österreichischen Kunst des 20. Jahrhunderts spezialisiert hat.

Im Jahr 1968 wurde die Neue Galerie unter dem Namen „Serge Sabarsky Gallery" von Serge Sabarsky und dem Vorsitzenden des „Museum of Modern Art" Ronald S. Lauder gegründet. 2001 wurde die Neue Galerie von Annabelle Selldorf erst renoviert und dann wiedereröffnet. Ein wichtiger Hinweis ist, dass die Ausstellungsräume jetzt nur noch 350 Besucher aufnehmen können. Es kann also zu etwas längeren Wartezeiten kommen. Im Museum befinden sich zusätzlich ein Buchladen, ein Design – Shop im Stil einer Bibliothek und zwei Cafés.

Man findet im zweiten Stock des Gebäudes unter anderem Werke von den deutschen Künstlern aus der Epoche des Expressionismus wie Paul Klee, Ernst Ludwig Kirchner, Otto Dix, George Grosz, Lyonel Feininger und Wassily Kandinsky wieder. Der erste Stock ist auf die österreichischen Künstler des frühen 20. Jahrhunderts wie Gustav Klimt, Egon Schiele, Oskar Kokoschka spezialisiert.

Die Neue Galerie befindet sich, ebenso wie das Metropolitan Museum of Art, an der legendären Museum Mile, jedoch im Süden der Upper East Side an der Carnegie Hill, detailliert an der Kreuzung Fifth Avenue und 86th Street.

Habe ich Ihr Interesse bezüglich der Neuen Galerie geweckt? Dann finden Sie die Neue Galerie in 1048 Fifth Avenue, New York, NY 10028, USA. Geöffnet ist die Neue Galerie Montag und Donnerstag bis Sonntag von 11 Uhr bis 18 Uhr. Pro Erwachsenen bezahlen Sie $22, von 12 bis 16 Jahren nur in Begleitung eines Erwachsenen, welcher mindestens 21

Jahre alt sein muss. Rentner ab 65 Jahren zahlen $16, nur gegen Vorlage eines gültigen Ausweises. Studenten, ebenso nur mit Vorlage eines gültigen Ausweises, bezahlen $12, ebenso Besucher mit Behinderungen. Kinder unter 12 Jahren haben keinen Zutritt in die Neue Galerie. Wenn Sie die teuren Eintrittspreise umgehen möchten, legen Sie Ihren Besuch der Neuen Galerie unbedingt auf den ersten Freitag im Monat, denn da ist das Museum von 18 Uhr bis 21 Uhr kostenlos geöffnet.

Wenn Sie allerdings bis zum 2. September diesen Jahres nach New York reisen, bezahlen Sie, egal an welchem Tag, nur die Hälfte der aktuellen Eintrittspreise in der Neuen Galerie.

Ist Ihre Sehnsucht nach Kunstgalerien noch nicht gestillt oder wenn Sie sich sehr gern Kunstgalerien jeglicher Art ansehen, zähle ich Ihnen noch weitere Kunstgalerien New Yorks auf, welche Sie unbedingt sehen sollten.

Zum Beispiel die „Gagosian Gallery", die „David Zwinger Gallery" oder die „Agora Gallery".

Die „Agora Gallery" wurde 1884 von Miki Stiles mit dem Ziel gegründet, nationale und internationale Künstler zu fördern und miteinander zu einer großen Kunstfamilie zu verbinden, um zu zeigen, dass sich die Kunst immer weiterentwickelt. Die Agora Gallery in der 530 W 25th Street, New York City, NY 10001, USA, umfasst eine Ausstellungsgröße von zwei Etagen des Hauses und ein Genre der modernen und zeitgenössischen Kunst. Die Agora Gallery hat dienstags - samstags in der Zeit von 11 Uhr bis 18 Uhr geöffnet. Sie müssen keinen Eintritt in Ihr Reisebudget einplanen, denn die Agora Gallery ist kostenlos.

ATTRAKTIONEN

Bestimmt erwarten Sie hier jetzt noch weitere Sehenswürdigkeiten. Da muss ich Sie leider enttäuschen. Unter dem Punkt Attraktionen habe ich mich auf bestimmte ausgewählte Anlässe beziehungsweise Feiern an bestimmten Tagen spezialisiert.

In New York wird jedes Jahr zwischen Januar und Februar das chinesische Neujahrsfest gefeiert. Dieses dauert zehn Tage an.

Am 17. März wird in jedem Jahr der St. Patricks Day gefeiert. Dies ist ein irischer Feiertag. An der

Fifth Avenue findet dazu immer ein großer Festumzug statt.

Natürlich wird in New York auch der Christopher Street Day, in New York Gay Pride genannt, gefeiert. Wer diesen noch nicht miterlebt hat, dem sei gesagt, dass er dies unbedingt nachzuholen hat. Der Christopher Street Day hat in New York seinen Ursprung. Seit 1970 wird er mit ca. 500.000 Besuchern am letzten Sonntag im Juni zelebriert. Der große Festumzug beginnt an der Fifth Avenue und endet im Greenwich Village.

Am zweiten Montag im Oktober findet der Festumzug des Columbus Day statt. „Was wird an diesem Tag gefeiert?" Die Entdeckung Amerikas von Christoph Kolumbus im Jahr 1492, genauer am 12. Oktober. 300 Jahre später fand zum ersten Mal, im Jahr 1792, der Gedenktag an Christoph Kolumbus statt. Aufgrund dessen, dass Christoph Kolumbus Italiener war, sehen die Italiener, welche in Amerika leben, ihn als Helden an und haben an der Verbreitung des Columbus Day einen großen Anteil. Die große Christoph Columbus Parade mit ca. 35.000 mitwirkenden Menschen beginnt jedes Jahr an der Fifth Avenue und 44th Street und endet an der Ecke zur 72nd

Street. Ca. eine Millionen Besucher schauen sich die Parade live vor Ort in der Zeit von 11.30 Uhr bis 15 Uhr an und etwa eine Million Menschen nochmals vom Fernseher aus.

Legendär und nur schwer vorstellbar wie das Feeling ist, ist die Silvesternacht am Times Square. Besonders emotional, stelle ich mir vor, ist es, wenn die Zeit von 60 runter auf null gezählt wird und somit das neue Jahr begrüßt wird.

Weg von dem Trubel und den Feierlichkeiten kann man sich auch ganz entspannt die Fifth Avenue ansehen. Sie hat nicht umsonst den Namen „die berühmteste Luxusmeile".

URLAUB FÜR DEN KLEINEN GELDBEUTEL

Sie können in New York ein Vermögen ausgeben, sie können aber auch sehr vieles kostenlos oder zumindest kostengünstig besuchen. Sie sollten sich nur vorher gut informieren und erkundigen und vor allem mit den Bewohnern New Yorks unbedingt in Kontakt treten, denn sie können Ihnen viel bessere Insider – Tipps geben als alle anderen zusammen.

Wie Sie bestimmt wissen, kosten Sightseeing – Touren Unmengen an Geld, sei es für Führungen oder das Transportieren in einem Bus von einer Sehenswürdigkeit zur anderen. Wäre es da nicht schön, wenn es eine preisgünstigere Alternative gäbe?

Haben Sie schon einmal etwas von öffentlichen Bussen gehört? Man setzt sich einfach in einen Linienbus, fährt mit diesem durch die Stadt und macht sein eigenes Sightseeing. Das großartige daran ist, dass man an einer Sehenswürdigkeit aussteigen kann, wenn man sich diese genauer ansehen möchte, und steigt einfach später in den nächsten oder übernächsten Bus wieder ein, um das Sightseeing fortzusetzen. Geeignete Buslinien dafür sind die M1, M4, M6, M7, M15 und die M20, je nachdem was Sie sich ansehen möchten. Sie müssen lediglich eine Tageskarte im Wert von $2,25 kaufen. Im Vergleich zu dem geführten Sightseeing ein echtes Schnäppchen.

Kostenlos und wunderschön zugleich ist die Skyline von New York bei Nacht. Die muss man unbedingt sehen, wenn man zu Besuch in New York ist. Das geht am besten von der Brooklyn Bridge aus. Den Besuch können Sie zum Beispiel mit einem Tagesausflug nach Brooklyn verbinden. Auf dem

Rückweg können Sie die Brooklyn Bridge zu Fuß Richtung Manhattan überqueren. So kommt die Skyline am besten zur Geltung und man kann es einfach auf sich wirken lassen und den Augenblick genießen.

Unbedingt ratsam und meine persönliche Erfahrung: Kaufen Sie sich vorab den New York City Pass für $79. Damit wird Ihnen der Zutritt zu verschiedenen Sehenswürdigkeiten beziehungsweise zu einigen Museen gewährt. Sie können mit dem New York City Pass sehr viele Warteschlangen und eine hohe Wartezeit umgehen, indem Sie einfach daran vorbei gehen. Sie haben unter anderem Zutritt in das „American Museum of Natural History", in das „Rose Center", in das „Guggenheim Museum", in das „Museum of Modern Art" sowie in das Empire State Building. Im Preis inbegriffen ist ebenso eine Rundfahrt in der Circle Line. Der New York City Pass ist nach Ausstellung einen Monat gültig. Sie haben also genügend Zeit, sich alles in Ruhe anzusehen.

Sie können auch die vielen Angebote der einzelnen Sehenswürdigkeiten beziehungsweise der Museen nutzen, denn diese haben an manchen Tagen freien Eintritt. Informieren Sie sich unbedingt vorher.

Hier nur ein paar einzelne aufgeführt:

Das „Museum of Modern Art" hat freitags von 16 Uhr bis 20 Uhr freien Eintritt. In der „Neuen Galerie" ist es immer der erste Freitag im Monat in der Zeit von 18 bis 20 Uhr. Der „New Yorker Botanical Garden" öffnet immer mittwochs gratis und samstags zwischen 9 Uhr und 10 Uhr. Der „Bronx Zoo", welchen Sie unbedingt sehen müssen, ist mittwochs gratis geöffnet. So sparen Sie sehr viel Eintrittskosten.

Wenn Sie die „Statue of Liberty" sehen möchten, wovon ich stark ausgehe, fahren Sie am besten mit der Staten Island Ferry, denn diese ist kostenlos. Die Staten Island Ferry verbindet die Insel Staten Island mit Manhattan und dient sozusagen dazu, die Pendler von Staten Island nach Manhattan zu befördern. Sie haben von der Staten Island Ferry aber nicht nur einen traumhaften Ausblick auf die Freiheitsstatue, sondern auch auf die Skyline von Manhattan sowie die Brooklyn Bridge. Im „American Museum of Natural History" ist sogar täglich die letzte Stunde der Eintritt frei.

FAZIT

Mein Fazit für eine Reise nach New York: Man muss New York unbedingt entdecken, erkunden und besuchen, egal welchen Preis man dafür zahlt. Mit den richtigen Insider – Tipps beziehungsweise mit dem richtigen Hintergrundwissen können Sie Ihre Reise sorgfältig planen und sich vor teuren Touristen – Fallen schützen. Das Wichtigste noch einmal abschließend kurz zusammengefasst:

Sie sollten so wenig Bargeld wie möglich mit sich führen. Von großem Vorteil sind daher praktische US $ - Travellerschecks. Diese werden fast überall akzeptiert. Wichtig dabei ist zu wissen, dass

Wechselgeld immer bar ausgezahlt wird, was von Vorteil ist, wenn man dann zum Beispiel mit dem Taxi fahren möchte. Somit kann man das Wechselgeld gleich nutzen. An der Hotelrezeption kann man sich US $ - Reisechecks ohne Gebühr und in der angegebenen Höhe auszahlen lassen.

Manchmal kann es durchaus vorkommen, dass einige Geschäfte beim Bezahlen mit den Reisechecks eine Identitätsprüfung vornehmen und Sie Ihren Ausweis vorlegen müssen. Aus diesem Grund führen Sie bitte immer Ihren Reisepass beziehungsweise Ausweis mit sich. Beim Kauf von US $ - Reisechecks, welche man bei jeder Bank erhält, wird eine Gebühr von 1% erhoben.

Dies gilt als Versicherung, falls Ihnen die Reisechecks abhandengekommen sind. Heben Sie unbedingt die Kaufquittung auf. Sie bekommen dann ohne Probleme Ersatz. Es versteht sich natürlich von selbst, dass man die Quittung nicht zusammen mit den Reiseschecks aufbewahrt. Das Gute bei den US $ - Reiseschecks ist, dass diese nicht verfallen, das heißt, sie sind unbegrenzt gültig und Sie können die Reiseschecks für die nächste Reise aufheben und wiederverwenden.

Achten Sie unbedingt darauf, dass sich die Preise im Zeitraum zwischen Mitte Juli bis Anfang September um bis zu 50% erhöhen. Zu diesem Zeitpunkt sind die meisten Sehenswürdigkeiten mit US – amerikanischen Touristen überfüllt.

Schließen Sie bitte unverzüglich eine Auslandsreisekrankenversicherung ab, denn Sie wissen nie, was im Urlaub auf Sie zukommt oder was mit Ihnen passiert. Man wünscht sich zwar, dass alles ohne Probleme verläuft und dass man die Auslands – Krankenversicherung nicht in Anspruch nehmen muss, aber man weiß ja nie. Da es in Amerika üblich ist, Krankenhausaufenthalte aus eigener Tasche zu finanzieren, können schnell mehrere tausend Euro zusammenkommen und man weiß am Ende nicht, wie man das bezahlen soll. Dafür kommt dann die Versicherung auf. Ebenso müssen medizinische Maßnahmen auch selbst finanziert werden.

Es ist schwer vorauszusagen, wie viel Geld Sie einplanen sollten, um eine Reise nach New York angenehm zu gestalten. Das hängt immer von der jeweiligen Person ab, welchen Standard sie im Urlaub genießen möchte und wie lange der Urlaub dauern soll. Wenn man einen hohen Standard möchte und im Luxushotel beherbergt wird, kann es durchaus passieren, dass der Urlaub so teuer wird wie ein Kleinwagen. Wenn man aber nur auf Komfort achtet und einem die Entfernung in das Zentrum nicht so wichtig ist und man kein Problem hat, bei fremden Menschen in der Zeit des Urlaubs zu leben, kann es sein, dass der Urlaub nicht mehr als 2.000€ bis 3.000€ kostet beziehungsweise, dass die Flüge das teuerste sind.

Wenn Sie sich dazu entschieden haben, ein Auto zu mieten, buchen Sie dies unbedingt von Zuhause aus. Das ist um einiges billiger als vor Ort. Dasselbe mit Hotels, von Zuhause aus sind diese um mehrere hundert Euro billiger. Sie können natürlich auch in Ihr Reisebüro des Vertrauens gehen und sich dort umfassend beraten lassen.

Bei einem Restaurantbesuch sollten Sie unbedingt das Trinkgeld von ca. 15%. mit einrechnen. Ebenso sollten Sie das Trinkgeld für den Kofferträger bereithalten. Dies umfasst $1 pro Gepäckstück. Das Zimmermädchen bekommt pro Nacht $2. Im Taxi wurden bereits Vorkehrungen getroffen, da viele mit Kreditkarte zahlen. So wurden Tasten fest vorinstalliert, auf denen Sie die Höhe des Trinkgelds wählen können, 15%, 20% oder 30%. An einer Bar zahlen Sie pro Drink $1 Trinkgeld. Dies sind nur Richtwerte. Sie können natürlich selbst bestimmen, welche Höhe das Trinkgeld haben soll. Sie sollten es jedoch nur nicht vergessen.

New York ist eine sehr multikulturelle Weltmetropole. Stellen Sie sich also auf ungewöhnliche und nicht alltägliche Erlebnisse ein.

Abschließend bleibt mir nur noch zu sagen: „New York kann man teuer erleben, aber auch kostengünstig. Es ist definitiv ein Urlaubsort für jedermann."

.

Packliste

Geld & Finanzen

O (evtl.) Auslandswährung
O Bargeld
O Bauchtasche
O Brustbeutel
O Bauchtasche
O EC-Karte
O Kreditkarte
O Notfall-Telefonnummern der Banken
O Portmonee

Hygiene

O Haarbürste / Kamm
O Deo (klein)
O Shampoo
O Kulturtasche
O Sonnencreme
O Taschentücher

O Reise-Zahnbürste und Zahnpasta
O Verhütungsmittel

Kleidung

O Badeklamotten
O Gürtel
O Hosen kurz / lang
O Mütze / Cap / Hut
O Pullover
O Regenjacke
O Schlafanzug
O Socken
O Sonnenbrille
O Sportklamotten / Jogginghose
O T-Shirts
O Unterwäsche

Medikamente

O Blasenpflaster
O Anti-Durchfalltabletten
O Erste-Hilfe-Set

O Fiebertabletten

O Fiebertabletten

O Mückenschutz

O sonstige Medikamente

O Pflaster

O Kopfschmerztabletten

Unterlagen & Papiere

O ADAC Unterlagen

O Adresslisten für Postkarten

O Krankversicherungsnachweis

O Stadtplan

O Führerschein

O Unterlagen für die Unterkunft

O Wasserdichte Hülle für Reiseunterla-
gen

O Impfausweis

O Mietwagenunterlagen

O Personalausweis

O Reisepass

O Reisetagebuch

O evtl. Studentenausweis

O evtl. Visum
O Zug- / Bahn- / Flugticket

Taschen & Rucksäcke

O Koffer / Trolley / Reisetasche
O Regenhülle für Rucksack
O Rucksack

Schuhe

O Badeschlappen / Hausschuhe
O Schuhe und Wechselschuhe

Sonstiges

O Brille / Kontaktlinsen und Etui
O Buch zum Lesen
O Ohrenstöpsel und Schlafmaske
O Regenschirm
O Reisedecke
O Wasserflasche
O Wörterbuch

Elektronik

O Digitalkamera
O Handy
O Ladekabel
O Kopfhörer
O evtl. Steckdosenadapter
O Power-Bank

Herstellung und Verlag:
BoD – Books on Demand, Norderstedt
ISBN: 9783750417519

1. Auflage
Kontakt: Psiana eCom UG/ Berumer Str. 44/ 26844 Jemgum
Covergestaltung: Fenna Larsson
Coverfoto: depositphotos.com